바람개비의 꿈

바람개비의 꿈

김선옥 제2시집

도서출판 채운재

자서

나는 바람개비다.
항상 꿈을 품고
바람개비처럼 그렇게 달리고 싶다
꿈이 이루어지는 그 날까지.

사랑. 그리움. 삶을 말하고 싶었다. 그래서
함지박 사랑에 이어 두 번째 시집을 낸다,
이 모두가 하나님의 은혜다.

바람으로 바람개비가 돌 수 있는 것처럼
이 시집을 내기까지 늘 곁에서 격려해준 가족과
그리고 지켜보신 하나님의 사랑이 있었음을 고백한다.
이 시편들이 누군가의 등불이 되었으면 한다.

2013. 8
김선옥

시를 읽고

문학은 우리의 앎을 넓혀 주고 정신적 삶을 높게
이끌어 주는 기능을 한다.
어려서부터 여러 가지 이야기를 듣고 자라나는 과정에
문학을 접하고 정신적 성장에 부딪히며
인생의 목표를 정하고 살아간다.
김선옥 시인의 시집 "바람개비의 꿈"은
시인의 가슴에 넘치는 생명력을 자연에 비추어
신선한 정신 미적 영역을 나타내고 있다.
시인은 순수하다.
삶의 고뇌와 순결한 사랑
오색찬란한 색실로 수놓듯
자신의 존재를 잘 나타내며
문학에 신선함을 안겨준다.
신앙인으로서 신을 존중하며 삶을 살았듯이
글에서도 순수함을 나타내고 사물을 통해 말하고 싶은
신선한 작품을 남기길 바라며
밤하늘에 등불이 되는 문인이 길 소망한다.

현대문학사조 발행인 양상구

차례

제1부 | 수배합니다

제2부 | 바람개비의 꿈

제3부 | 아니더이다

제4부 | 내 나이가 어때서

제5부 | 초대장을 받고서

제6부 | 사랑의 기도 – 신앙시

제1부

수배합니다

수배합니다

여름을
탈출한 도시
도시를
수배합니다

인상착의는
하얗게 분칠하였으나
칠면조같이

그리고
카멜레온처럼
변할 수도 있고
수다스러워
속을 수도 있으니
각별히 유의하시오

향수

하늘은 우물을 판다
파란 물이 펑펑
나올 것 같은 날
양 떼 같은 구름
파란 물에 멱을 감는다

파란 우물
그 속엔
고향이 들어 있다

오가던 길에 거울삼아
검정치마 하얀 저고리 입은
우물을 들여다보던 아이

그 우물 속에 뱅그르르 도는
그리운 얼굴들을 본다

감투 쓴 맨드라미

투구를 쓴 것이더냐
방패를 든 것이더냐
그도 저도 아니면
붉은 융단 연회복 차려 입고
무도장에 갈 참 이더냐

간신배 멀리하고
성城을 지키던 충직한 절개로
초개같이 목숨을 버린 뜻이
가상하여 나라님이 벼슬을
내려준 게로구나

계관화鷄冠花라 불리는 너
장수의 기백을 가진 모습
당당하도다

내 안에 든 가시

언제부터인지
뻐근하게 아려오는 통증

가시가 박혀 그런 줄 몰랐지
네가 가시인 줄도

뽑아내려 할 때 이미
알 수 있었지
깊이 박혀있다는 것도

뽑으려고 할수록
아프다는 것도

박힌 가시로 인해
이렇게 아파져 올 줄이야

소나기

미친 듯이
휘젓다가
천 갈래 만 갈래
찢어지고 있구나

허무하게 흐르다
지워지는 삶
유리창의 눈물이다

어쩌면
우리 인생도
다를 리 없겠지

미련

천만 번도 더
고백한 뜨거운 사랑
아직 남아 있는데
진정 가시는 건가요

가시려면 그냥 가시지
왜 뒤를 돌아보며
머뭇거리시나요

생각만 하여도
눈시울이 붉어져
울적한 마음인데
하염없이 내리는 비는
아린 속내
잊지 못할 정情 애달파
흐르는 눈물입니다

욕망

마음 둘 곳 없다는 건
사무치도록
고독하다는 것이다

떨어지는 낙엽을 보며
허전하다는 건
누군가 그리워하는
빈 가슴이기 때문이다

못 견디게 외롭다는 건
가슴에 빗장을 열고
들꽃 하나라도
사랑하고 싶기 때문이다

작은 새 울음에
행복하다가도
갈증을 느끼는 건
여름 생수 같은 시원함으로
목마름을 채우지 못함이다

가도 가도 끝이 없고
담아도 담아도
채워지지 않는
허기짐의 끝은 어디일까?

석별

뒤란 대나무 숲에서
밤새 수런거리더니
무서리 내린 아침
슬프지만, 마지막 떠나가는 아름다운
이별을 하기 위해
열병식 하듯 낙엽들 앞마당에 줄 서 있다

발레를 하는 것처럼 발꿈치 곧추세우고
마치 홍학 紅鶴의 군무인 듯 무리지어
골목길 빠져나와 뱅글뱅글 돌다, 쉿!
사열대 앞 지나는 중인가보다

떠나는 가을 햇살도
일몰처럼 소진되어
스러지는 잿빛 영상 위로
늙은 황소의 눈빛처럼 휑한
대지의 들판을 가로질러
황급히 빠져나간다

숙명

불어오는 바람에
흔들리지 않는 풀잎 없듯이
실낱같은 그리움에도
마음이 흔들리는 건가 봅니다

가랑비에 옷 젖듯이
그대 향기에 취해
내 마음 조금씩 흔들리고 있어요

이름 모를 들꽃에도 나비 날아오고
강가에 버들은
물차고 날아가는 제비처럼
맵시 있는 몸매로
살랑이는 바람을 손짓합니다

이렇듯
숙명으로 만난 그대가 어찌
소중하지 않을 수 있나요
정녕, 당신이 한 줄기 지나가는
소낙비로 온 인연일지라도
한 송이 꽃의
그 꽃잎이 기꺼이 되리다

나목 이야기

지난가을
너의 속앓이가
그렇게 아픈 줄 몰랐다

심장이 붉게 물들어가고
시름시름 사위어 가더니
너의 분신인 이파리
하나, 둘 떨구어 내던 날

그래도
훗날
새순 틔운다는 것을
계절의 끝자락에서
바람 소리로
들을 수 있었다

바람 한 점 둑길 지나갈 때
거친 숨 몰아쉬며
지천의 분신 밑으로
햇빛 아스라이 파고들면
너는
남은 삶 여백에
꿈꾸며 기다리는
작은 생명을
또 다른 가슴으로
보듬어주겠지

비가悲歌

갈등의 끝은 어디일까
아름답던 사랑
언제부터인가 서서히 다가오는
이별 예감으로 잠 못 들어
지워 내려 하면 할수록
절여오는 그리움

적막한 밤
풀벌레의 울음은
잊지 못할 슬픈 사연 담은
이슬로 고여 눈물 되고

가슴을 쓸어내리는
채워도 채워도 채워지지 않는
공허한 가슴은
가을밤의 외로움 때문만은
아닌 것을 그대는 아실지

한풀이

허~이 허~이
탈출하여 날고 싶은 몸짓
흰 소맷자락 손끝으로
실타래 풀어내는 듯
내세의 억눌린 삶
저 깊은 무덤 속 같은
어두운 터널을 지나는
한 서린 가락 歌樂으로
멈출 듯 끊어질 듯
끊어지지 않는 애절한 몸부림
한 세상 숨 가쁘게 돌아
여기까지 왔는가

질경이 같은 삶의 고뇌
부둥켜안고
회한 悔恨의 몸부림
이승과 저승 오가며
서릿발 시퍼런 작두 위에
영혼의 예술로
승화시켜 한을 풀어내고
하얀 나비처럼
훨훨 나는 넋이여

간격과 사이

1
나뭇가지 사이로 얼굴 내미는 햇살
툇마루 양지에 졸고 있는 도둑고양이

땅과 하늘
적당한 간격과 사이를 두고
긴 수염 세워
교신을 하고 있다

2
너와 나
자전거 페달을 밟듯이
천천히
곡선과 평행선을 잘 유지하여
하나가 되도록
믿음을 심어주는 사이

3
틈이 생기면 불신이 들어오고
간격이 점점 벌어져
믿음이 깨지니
망가지지 않도록
너와 나 보석같이 아끼는 사이

4
너와 나
가슴으로 말하는
간격과 사이에 들어온
인연이라는 굴레 씌운
연애 하는 사이

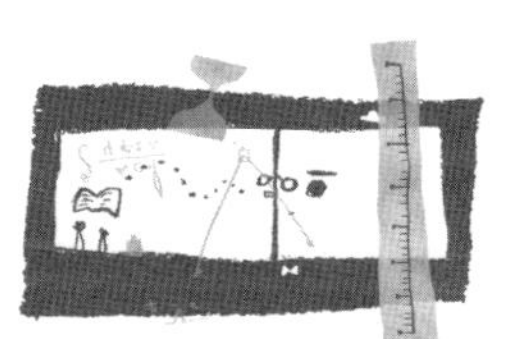

콩새

이태 전인가. 콩새 한 마리
앞집 돌감나무 가지에
외로운 듯 앉아 있다가
후루룩 날아갔었다

분명 그 콩새다
이른 봄바람이 차가운데
두 마리 날아와 다정하다
사랑하는 사이일까

모르는 일이지만
깃털을 비벼주는 저 사랑
내년에는 새끼 콩새 데리고 오겠네

한가위 둥근 달

사립문에 기대선 순이
불룩 나온 아랫배가
만삭 된 너 닮았다며
싱글벙글

달덩이만 같아라
오늘내일 기다리는 영팔이
빙그레 웃으며
고개만 끄덕끄덕
덩실덩실 춤추고

툇마루에 걸터앉은 영감님
그 모습 바라보다
너 닮은 복덩이라고
너털웃음 껄껄 껄

시도 때도 없이

새벽바람 불어오듯
상큼하게 다가온 그대

언제부터인지
사분사분 이슬비 내리듯
마음 깊은 곳까지
촉촉하게 스며듭니다

이슬비 내리면 옷이 젖지만
그대는
마음마저 적셔 놓습니다

시도 때도 없이
불어 오는 바람처럼
마음을 흔드는 그대
오늘도 그대는 이슬비로 옵니다

제2부

바람개비의 꿈

바람개비의 꿈

꽃피는 봄날이면
오색 향기 듬뿍 실어
임 계신 창가에 서성이고
여름날엔 시원한
바람 실어 보내고 싶은 바람개비

가을 오면
하늘가에 청잣빛으로 수놓아질
그날을 기다리고
겨울 되면 끝없는 설원으로
달리고 싶은 바람개비

봄 여름 가을 겨울
자기 의지로는 아무것도
할 수 없지만
그래도 달리고 싶은 바람개비
오늘도 또다시 뱅글뱅글
돌고 도는 바람개비의 꿈은
언제쯤 이루어질까

봄 그렇게 오다

먼 산 계곡 바위 밑에
매달린 고드름
옹알이 시작으로
기타 줄 튕기 듯
텀벙텀벙 화음을 내며
하나 둘
봄을 내려놓는 소리

강물 휘감던 아지랑이
바람도 포근하게 감싸 안고
가지마다 풋풋한 내음으로
홍매화 꽃망울 터트리며
봄은
그렇게 오고 있다

봄. 2

이른 새벽
밭이랑에 살랑살랑
음악의 선율처럼
흐르는 안개
명주실 천
깔아 놓은듯 하여라

가만가만 다가와
살포시 안기던
살가웠던 그녀의
정갈하게 빗어내린
머릿결 닮은
고운 순정이어라

실개천 둑길 따라
봄을 캐던 처자
그리움 담고 담아
마음은 천 리 길이어라

듬성듬성
돋아나는 새싹
그 옛날
까까머리 긁적이며
데면스레 웃음 짓던
감나무 집 큰아들
풋사랑 같은 것이어라

봄, 디자이너

지하 땅속
은밀한 밀실에서
대작을 꿈꾸는 디자이너
지상에
무색 천 펼쳐 놓은 후
연두색 나염을 시작으로
싹둑 싹둑 잘라내고 붙이고
쉴 새 없는 손놀림이다

마술사 처럼 빠른 손놀림
쏘~옥 쏘~옥
오밀조밀 채우고
광폭 공간에
온갖 생명 있는 것, 덤으로 넣어
멋진 동양화 완성 될 즈음
지나던 바람 대지를 흔들어
여기저기
깃발처럼 나부끼는
무언의 함성
이 정도면 누구라도
감탄하지 않을까?

봄 안개

곱디고운
수줍은 몸짓으로
방울방울
온 대지大地에
수유하고 간 자리
연둣빛으로 움튼다

나팔꽃 연가

어디 계세요
새벽이슬 머금고
오늘도 쉬지 않고
사모하는 마음으로
당신을 향해 오릅니다

철벽같은 성에 갇힌 임 찾아
오늘도 손 뻗어 가까이
더 가까이 가 보지만
밤마다 꿈속에서 만나던
임은 어디 계신지
아직도 먼 길

오직 당신 향한 열정 하나로
오르고 오르다 마디마디
음표 되고 멜로디 되어
이른 새벽
그대 창가에 나팔을 붑니다
들리시나요

꽃신

길섶 풀 냄새
물씬 나던 황톳길 따라
십 리쯤 지나 허름한 가게
나란히 놓여있던
꽃과 나비 그려진 꼬까신

오일장 열리는 날
발걸음 멈추게 한 노점상
그 앞에 쪼그리고 앉아
오랫동안
떠날 줄 모르던 소녀
그 옛날 추억을
장바구니에 담아왔다

어릴 적 소원 하나
거실 가득 채워 놓고
사뿐사뿐, 나풀나풀
소녀도 나비도 날아다닌다
꿈속에서 신어 보던 꽃신

바람

따스한 날
살며시 다가와 속삭이는
감미로운 입술
부드러운 애무는
황홀한 첫 경험이었다

달콤한 꿈 깨기도 전에
어디론가 또다시
떠날 것이란 걸 알면서도
머물기를 바랐는데

스쳐 가는 것뿐이라며
또 다른 인연을 찾아
홀연히 떠나는
방랑의 끝은 어디일까

벚꽃은 피고 지고

봄볕 아래
탱글탱글 동글동글
맺혀 있는 봉오리

가지 사이로 비취는
햇살 끌어당겨
팝콘처럼 터트리니
푸르렀던 추억
조각조각 떠올라
안개로 피어오르고

낙화하는 꽃잎
미끄러지듯 뱅그르 돌다, 멈짓
숨돌리고 이내, 허공으로
흰 나비떼처럼 날아가는데
봄은 또다시
훌쩍 떠나려나 봅니다
꽃반지 끼워주던 임
아쉬움만 남긴 채

안개

보이지 않는
그리움 같은 것

잡힐 것 같아 쫓아가면
몸을 숨기는 신기루

꿈속에서 보는
무릉도원의 요람

가까이 가면 달아나고
뒤돌아서면
쫓아오는 당신

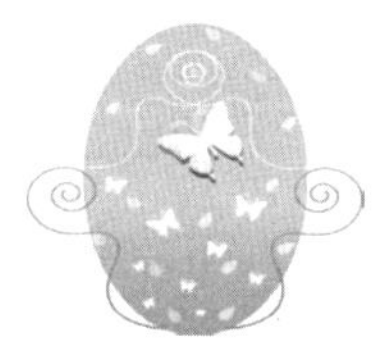

봄꽃 지다

꽃샘바람
한바탕 놀다 간 자리
개구쟁이 심술이다
꽃잎은 부르르 떨더니
곤두박질친다

봄은
하늘과 땅이 열리던
태초의 시간이 비켜간 것 같은
맑은 계곡을 지나
푸른 수액을 심장에 품어
사방팔방으로
순정을 품어 왔었다

꽃봉오리 피던 시절 지나
낙화하는 것이 어디 이뿐이랴
인생 또한 같거늘

지는 꽃잎

서러워 마오
지는 꽃잎 흔들림마저도
한 때는 젊음이 있었다는 것을
모를 리야 있겠어요

세월과 함께 흐르는 것일 뿐
어디, 아주 간답디까
가슴 속에 품었든 사랑
어찌 모른 체한답니까

구름에 달 가듯 그렇게 가지만
애달파 마오
훗날에 나 그대의 품에
다시 피어나리다

할머니의 텃밭

생명 같은 텃밭 한 때기
이른봄 서릿발 밟고부터
가을 내내
할머니는
거기서 살으셨다

고무줄처럼 늘어진 여름 한낮
갈고리 같은 손
할머니 송곳니 닮은
호밋자루, 손놀림은 쉴 새 없다

가을이면 봉지봉지
자식에게 줄 알갱이 담는
할머니의 텃밭 한 때기 였다

호미처럼 구부러진 등 위로
함박눈이 내릴 때 쯤
할머니 기다리는 텃밭

이삭

철부지 시절
푸르러서 좋았다
작열하는 태양에도
내어줄 것 없지만 텅 빈 가슴
채울 수 있어서 좋았다

칼날 같은 햇살에
툭툭 터지는 살갗은
오히려
축배의 잔을 들자며
그는
슬퍼하지 않았다

수술대 위
마지막 옷을 벗는 그 순간에도

세라를 보내고

끝없는 행복을 주던 너
가을바람 불어오던 날
떠나던 모습 아련하다
텅 빈 마음

가을에 떨칠 수 없는 정
마음 깊이 담았던
작은 소망 행복이
너 였음을

세라:애완견 이름

내 마음 파도 되어

겹겹이 쌓이는 모래톱
속내 감춘 내 마음이다

눈 감으면 다가오고
눈 뜨면 신기루처럼
사라지는 너. 그래도
가슴에 새겨진 이름
그대로 다

부서지는 파도는
수많은 학이 되어
은빛 날개 파닥이며
너 있는 그곳으로 날아가고 있다

수채화 사랑

퍼내어도 솟아나는
샘물처럼
풍성함에도 비어있는
신비한 사랑
채워지지 않는
끝없는 목마름으로
속앓이 하는
긴 기다림
짧은 만남

훌쩍 떠난
공허함 채울 길 없어
지난 세월
행복했던
기억들을 주워담아
뻥 뚫린 가슴에
하나, 둘
채워가며 그려넣는 사랑

만리향

무엇이 그리 그리워
천리만리 날아가는
향기던가

산 넘고 물 건너
보고 싶은 사랑 찾아
오직 그대만의 향기 되어
생生이 다하는 날까지 날아가는
만리향의 달콤한
꿈속의 사랑이 그립다

맨드라미 연정

붉은 왕관을 쓴
도도한 자태는
분명 지조 있는 양반집
콧대 높은 규수였을까

무심히 지나치던 앞마당
화단 중앙 초연한 모습을
잊을 수가 없구려

그대
본 듯 아니 본 듯 하려 했는데
불타는 사랑 어찌하오리까

두툼한 붉은 입술
내 누이 닮은 그대
연정으로 사무쳐
태양보다도 더 뜨거운
내 사랑 드리오리다

제3부

아니더이다

아니더이다

그대
애써 잊으려 하지 않아도
아닌 것처럼 그냥
묻어 버리면
기억 속에서 지워지는 줄
시간 속에 묻혀
잊히는 줄 알았는데
생각나지도 않을 줄 알았는데
아니더이다

그리워하고 사랑했던 만큼
잊으리라, 그렇게 하리라
다짐했어도 하얀 여백에
까맣게 채워진 당신
비가 내리는 날은 옷이 젖듯
쏟아지는 그리움은
마음을 적시더이다

가슴 깊은 곳, 그리움 끝자락에
아픔으로 오는 응어리는
그대로 인하여
오는 것이더이다

그렇더이다
사랑하는 것
그리워하는 것
잊어야 한다는 것, 또한
내 의지로 되는 것이
아니더이다

아는가, 그대여

헤어짐의 순간이
첫 느낌보다
더 떨린다는 것을

이별이 올거라고는
미처 생각하지 못하고
사랑했다는 것도

숙명으로 다가왔는데
더 붙잡고 싶다는 것도

이제, 고백하건대
진실이 아니었다고 말해 놓고
눈물을 삼킨 것도

아는가. 그대여
내 인생에 잊지 못할
사랑이라는 것도

울지 않으렵니다

스며드는 달빛처럼
내 마음에 들어와
미소 짓게 하고
잔잔한 감동을 주며
사랑한다는 말 없어도
가슴에 자리한 그대

잊는다는 것은
형벌보다 더 지독한
아픔이지만
울지 않으렵니다
그대가 그리울 땐
마음으로 볼 수 있는
사랑이기에

그렇더이다

꽃이 피고 지고 계절이 가듯
지고지순한 사랑
이별하는 것 숙명이라며
그렇게 떠나더이다

그대로라 하던 말도
나뭇잎 사위어 가듯
그렇게 변해 가더이다

사랑은 허다한 허물을
덮는다지만
불면의 밤은
옹이가 되어 있더이다

그렇더이다
인생의 희. 노. 애. 락
세월에 묻혀가는 거라지만
세상만사 뜻대로 되는 것이 아니듯
가슴 한편 아려오는 그리움
버리지 못하는 미련도
마음대로 되는 것이 아님을
후에야 알게 되더이다

이런 사람이 내게 있습니다

삶이 진솔하고 맛깔스러워
가까이하고 싶은 사람
자기의 일에 몰두하여
감동을 주고 매력이 넘쳐나
그 삶에 한번 들어가 보고 싶은
이런 사람이 내게 있습니다

세련된 멋은 없어도 수수하고
질박한 모습이 좋은
결코 화려하지도 투박하지도 않으면서
온화한 미소를 던져주는 사람입니다

대숲에 이는 바람처럼 청정하고
아침 햇살같이 활력이 넘쳐나는
생각만 하여도
알맞은 온도에 찻잎이 우러나듯
그 사람의 향기가 내게로 옵니다
나에게 이런 사람이 있습니다

지울 수 없는 사랑

이젠, 잊겠다고
그리워하지도 부르지도 않겠다고
수없이 다짐하건만
스치는 건 그대 모습뿐
내 의지로 지워지지 않는
가슴으로 한 사랑

당신이
꽁꽁 묶어 채운 족쇄
멀리 갈 수 없음을 알면서도
앙탈 부리는 이 내 심사

사랑은 연필로라는 어느 가수의
노래가 귓전에 들리지만
내 생애 마지막 사랑은
당신뿐이라는 그 말
지우려 해도 지워지지 않아
나 그곳으로 달려갈 테니
가슴에 아무도 들이지 마요

그대에게 나는

나는 그대에게 아침 햇살입니다
그대가 눈을 뜨면
신선함으로 하루를 여는
화사한 설렘이 되고
그대의 눈길 닿는 곳에서
푸른 소망이 되고 싶습니다

그대에게 나는 강가에 불어오는
보드라운 바람입니다
강가에서 그대가 부르는 노래로
못 잊어 그리워하는 그리움 되고
눈 감고 가만히 듣고 싶어하는
목소리로 사랑 노래 들려주고 싶습니다

손내밀면 다정하게 손잡아 주고
그대가 가는 곳이라면
언제나 늘 함께하는 그림자로
행복을 가꾸어 주는
천사가 되고 싶습니다
나는 그림자입니다
그대의 그림자처럼
단 하나밖에 없는 그대의 보석입니다

슬픈 사랑

하늘이 맑아서
늘 그럴 줄 알았고
햇살 고운 날 처럼
너와 나
영원하리라 믿었는데

맑은 하늘에
비, 바람 치듯
고왔던 우리 사랑
먹구름 밀려와 소나기 퍼붓듯
앞길 보이지 않아
어쩔 수 없이 보내려 하네

만났다 헤어짐은
숙명이라 해도
함께 한 추억 세월 지나
그때를 회상하며
나에겐 행복이었다고
말할 수 있었으면

당신

언제부터인지
뻐근하게 아려오는 통증
가시가 박혀 그런 줄 몰랐지

네가 가시인 줄도
뽑아내려 할 때
알 수 있었지
깊이 박혀 있다는 것도

뽑으려고 할수록
아프다는 것도
박힌 가시로 인해
이렇게 아파올 줄이야

못 잊을 내 사랑아

행복했던 지난날 추억
하나, 둘 아스라이 떠오르고
그리움이 촛농 흐르듯
가슴을 타고 내린다

덧없음을 알면서도 버리지 못하는
끈끈한 정, 새하얀 천에
분홍 물들인 것 다 지워내도
흔적으로 남아, 이제는
그리워하지도 보고 싶단 말도
하지 않으리라 수만 번 다짐한들
바람개비 돌듯 헛바람만 일으킨다

지난날 설레는 마음
분화구의 화산 같은 열정으로 타올라
징검다리 지나, 강을 건너고
바다로 나아가
좌초될 수도 있는 일엽편주라도
겁날 것 없었던 가슴 깊은 곳에
아름답게 빚어놓은 조각품마다
끈끈한 접착제로 붙어 놓았던
떼어낼 아쉬움은 긴 여운으로 남아
폭포 수 처럼 멈출 줄 모르는
못 잊을 내 사랑아

그대는. 2

돌아서면
보고 싶고
듣고 싶은 목소리

때로는
눈물 나게 하지만
사랑할 수밖에 없는
하늘에 태양
밤하늘에 달처럼

내 심장에 박힌
단 하나뿐인 보석

그대는. 3

밤하늘에 반짝이는 별이라도
그대 사랑만큼 빛날 수 없고

하늘에 떠 있는 태양이라도
그대 가슴만큼 뜨겁지 않아

화려한 장미꽃의 아름다움이라 해도
그대가 지닌 멋스러움만 못해

값비싼 보석을 지닌다 하여도
오직한 사람 그대만은 못해

수많은 사람 가운데
내 가슴에 언제나 함께 하는
유일한 사랑

회상

당신이 떠나 던 날
하늘에선 빗줄기
눈물처럼 내리고
들풀의 흔들림마저도
아픔으로 다가왔다

이젠, 보고 싶어도
만날 수 없어
텅 빈 가슴 언저리에
물안개 피어오르듯 맴돌아
손 내밀면
잡힐 것 같은 그리움이
신기루 되어 사라지는
사랑했던 사람이여
아득한 추억이여

오늘 같은 날

오늘같이 바람 부는 날은
그대 목소리
들려올 것 같아
설레는 마음

그 옛날
밤 지새우며 쓰던 사랑편지
이제서야
전해지는 소리
들리는가, 당신에게

기다릴 것만 같아
나뭇가지 흔들리는 숲
하염없이
걸어본 적 있는가, 당신도

바람처럼 지나간 청춘
공허로 남은 빈 가슴에
채울 수 있는 한 사람
당신, 그리워지는
오늘 같은 날

세월 앞에서

가고 싶지 않아도
네 앞에선 어찌할 수 없는가
옷걸이에 걸린
낡고 헐렁해진 옷처럼 변해버린
거울 앞에 서 있는 여인

풍미한 세상
강물처럼 흘러가도
마음은 그대로인데
숭숭 뚫린 낙엽처럼
빛바랜 흔적들을
가슴에 주섬주섬 담아
분칠로 채우고, 다시
그리고 싶은 자화상

이제 너 따라가다가, 혹시
옛날 그 사람
우연이라도 만나면
알아보기나 할까

꿈에 본 내 사랑

옷깃을 스치는 바람일 줄 알았는데
시도때도없이
가시로 찌르는 아픔 세월이 가도
남아 있을 줄 미처 몰랐습니다

강가에 나가 노래를 불러주던
그때처럼 지금도 다가와
도닥여 줄 것 같은
첫 느낌 그대로 어젯밤 꿈에도
그 강가에서 내 사랑을 만났습니다

비 오는 밤
빗방울 떨어지는 소리
그대가 부르던 세레나데 되어
흘러내리고 이 마음도
그 강가로 빗물따라 갑니다

당신이 좋은 이유

잘나거나 돈이 많거나
아는 척하지 않고
소박한 사람이어서 좋더라

이유
조건
계산이 없는
사람이어서 좋더라

사람을 귀중히 여길 줄 알고
가식의 눈빛이 아니라
뜨거운 시선을 주는
그런 사람이어서 좋더라

물의 흐름같이 한결같음으로
흔들림 없는
진솔한 사람이어서 좋더라

평생을 함께해도
좋겠다는 마음이 들게 하는
당신이 그냥 좋더라

내 나이가 어때서

내 나이가 어때서

강물이 흐르듯이 그렇게
또 다른 꿈을 꾸면서
지천명의 나이 넘어 한 참을 흘러 왔다

시간은 오늘도 쉬임없이 달아나고
허기진 배를 움켜잡듯이
좋아하고 사랑하는
나이가 있는 것도 아닌데
토악질 못 한 가슴 요동치듯
채우지 못한 갈증으로 흐느적인다

지는 때를 잘 아는 붉은 동백의
모가지 떨어지는 처연한 모습에서
그렇게 가는 삶인 것을
황홀하게 피고 싶은 뜨거운 열정
망설임을 외면한 채
멈출 줄 모르고 눈치 없이
흘러가는 야속한 세월아

정동진 바닷가

나 홀로 찾은
정동진 바닷가
거꾸로 돌려보는 추억은
갯바위에 부딪히는 파도처럼
하얗게 부서진다

철썩 처얼썩 좌르르
우~우 해조음
육중한 몸 뒹굴며
밤새 울던 바다 스르르 잠들고
도화지 펼쳐놓은 것 같은
백사장 아침 햇살 찬란한
정동진 바닷가

동검도와 민 머루 가보셨나요

1
강화도 남단
바다 내음 물씬 나는
자루 짧은 국자 눕힌 듯하고
작은 종지 엎어놓은 듯하여
동화 속 이야기가 쏟아져 나올 것 같은
마실길 따라, 여름이면 바람에
실려오는 찔레꽃 향기
한 아름 안겨오는 그림 같은 동검도
혹시, 가 보신 적 있으신가요

2
바닷물 쏴아쏴아 들어오면
군장 軍裝을 꾸린 채 출정식 기다리는
병사의 모습인 듯, 먼바다의 공포
어구를 한가득 실은 배
진정시키는 갈대의 춤사위에
추임새 넣는 갈매기 따라
서둘물 제방 둑길
걸어보신 적 있으신지요

3
여유롭게 햇살을 즐기던 파도
뒷걸음으로 슬금슬금 밀려가고
장구 너머 포구 끝없이 펼쳐진
갯벌이 드러나면 설레설레
두 발 들고 발레를 하듯
곧추선 칠게,의 군무 장관을
보신 적 있으신가요

4
해당화 곱게 핀 해변은
한 번쯤 추억을 만들고 싶은
연인들의 발길이 닿는 곳
민머루 언덕에 올라
서해로 떨어지는 한 폭의
수채화 같은 낙조
보신 적 있으신지요

동검도:강화도 남부에 있는 섬
장구 너머:강화,석모도 주변의 포구이름
서둘 물:동검도 안에 있는 동리 이름
칠게:갑각류 달랑겟과에 속한 종
민머루 :석모도 주변의 해변이름

울릉도 지킴이

울릉도 도동항
해안 절벽 위에
세계 최고령을 자랑하는 향나무
암벽 위에 우뚝 선 네가
참으로, 비경의 경이로움이다

우직함으로
해풍에 시달리며
생명을 이어 온 마디마디 관절은
세월의 흔적이로다

브랜다에게 한쪽 팔을 내어 주고도
의연함으로 한결같이
푸른 꿈 키워가는
늠름한 너의 모습은
울릉도 지킴이 자존심이로구나

참고 – 울릉도에서 자생하는 세계 최고령(2500년)향나무
브란다:1985년 태풍 이름 (그로 인해 한쪽 가지가 부러짐)

독감 바이러스

초대하지 않았는데
불청객으로 찾아와
치근덕거리며
막무가내 떼를 쓰는
세 살 코흘리개다

오돌오돌 떨며
오두방정
콧물, 눈물, 재채기
거머리처럼 달라붙어
진저리치며 툴툴 털어도
어거지를 쓰니
심장心腸이
경련을 일으키며
촉각을 세운다

더듬이로 촉수 세워
마디마디 잘근잘근
예리한 칼날로 난도질 해
팔팔 끓는 물에
숨죽인 파김치를 만든다

장화리 일몰

썰물이 나가자 뭍이 된
장화리 개펄
바다는 서서히 신비에 싸인다
일렁이는 황금빛 장관을 향해
카메라의 삼각대 또한 한 몫이다

찰나를 놓치지 않으려는
작가는 혼을 빗는다
검게 타는 솔섬도 애가 타고
바다가 빨아드린다
저 불덩이

피를 토해 혼곤해진 수평의
그 하나 점을 향해
찰각찰각 연속 필름이 돌아간다
꿈에 담은 오메가 하나
거긴 없는데

장화리 바닷가는
언제나 저리도 붉게
몸살을 앓는다

장화리 : 일몰 사진을 찍기 위해 각처에서 사진작가들이 몰려드는
명소 중의 명소임
– 주소 : 인천 광역시 강화군 화도면 장화리

안면도 해무

안면도 해안과
백화산 허리를 휘감고 있는
무채색의 해무

아름다운 해변은 보이지 않고
파도 소리만 가슴에 안기네

저 해무 속에 갇힌 해송은
바다와 밀담을 나누는지
속삭임의 소리 들리는 듯하여
손 내밀어 잡아 보지만 잡히지 않아
공허한 마음 가슴만 저민다

백화산: 충남 태안군 태안읍 소재(284m)

나무의 소망. 1

날마다 꿈을 꾼다
누구라도 찾아와서
지치고 힘든 여정 쉬어가는
그늘이 되고 싶다고

때론 상처를 받고
좌절하는 이 손 잡아
하늘 높이
희망의 길 열어주고 싶다고

사시사철
비바람 모진 고난에 꺾여
생채기나도 굴하지 않고
언젠가는 내 몸 아낌없이
내어줄 푸른 꿈을 펼쳐가는
나를
당당하게 보여주고 싶다

돌의 독백

발로 차이는 일생이라고 함부로 마라
구르는 삶이라고
돌대가리라 오해 하지 마라

내가 가는 길 험산 준령이라 해도
숭고한 사랑과 희생은
아름다운 삶일 수 있다는 걸 모르느냐

너희가 말하는 돌머리 보이는 것 그대로지만
징검다리 되어 온몸을 내어주고
우직함 하나로 살아가리라

설혹, 누군가를 위해 헌신하는 삶일지라도
어디든 기꺼이 가리라
가서 먼지로 사라진다 해도

몽돌

태안반도 천리포 해변에서
주머니에 넣은 작은 몽돌
집에 오는 동안 내내
칭얼대는 소리 모른 채
서재 한 귀퉁이 내 주었다

파도 와락와락 휘둘러 기절하길 수차례
뺨을 맞는 고통쯤이야
견딜 수 있었다만
여기는 내 살 곳 아니라면서
자칫 잘못 건드리면
어린애 배냇 짓으로 구르며
돌아가게 해다오
고향에서 한세상 살아갈 수 있도록

어둔 밤 창가 밤새 두드려 우는 소리
영락없는 실향민이다

삶이여

인생은 곡예사
중심 축을 세우는 일은
자기 몫이다

단 한 번뿐인 인생
누구라도 대신하지 못할
다시 돌아갈 수도 없는 인생
외길, 동행하는 이 없다

양파 껍질처럼 쌓여
보이지 않아도
녹색 신호등 켜지는 날 꿈꾸며
한 발 한 발 내딛는다

살다 보면

나뭇잎이 자기 의지도 아닌데 흔들리듯
살다 보면 때로는 흔들릴 때 있지
벼랑 끝으로 밀려날 때도 있고
오장육부 역겨워 구역질 나서
확 뒤집어놓고 싶을 때도 있지

맘대로 뜻대로 안 되는 세상사
하여, 어제 일 하얗게 지우고
지난 일은 잊어버리자
오늘은 또다시 오지 않는다고
희망이 노래하고 있다
힘을 내라며 용기가 부른다
쨍하고
해 뜰 날 있을 거라고

강아지 풀

지천 에
물음표를
던져 놓았다

당신은 지금
어디로
가고 있느냐고

오가는 이
하도 궁금해
또 묻고 있다
당신은 누구냐고

이슬

1.
지난밤
무슨 일 있었기에
풀잎 끝에 눈물방울
맺혀 있을까

가장 작은 손거울
내 마음
투명하게 비칠 것 같아서
데구루루
굴려 봤으면

2.
피아노 건반처럼 두드리면
통통 튀는 소리 들릴 것 같은
맑고 투명한 또 다른 우주
누가 살고 있는지
그 속으로 들어가 봤으면

간밤에 우리 임이
방울방울 풀잎에
다이아몬드보다 빛나는 보석
매달아 놓았나 보다

나 홀로 있어도

이 세상 모든 것은
스쳐 가는 인연일 뿐
언젠가는 가버릴 것이지만
밤하늘엔 사라지지 않는
수많은 별 이 있듯이 내 가슴에도
빛나는 별 그대가 있습니다

마냥 행복한 것은
내가 만약 슬플 때가 있더라도
함께할 거라 믿는 그대 때문입니다

강촌에 홀로 있을지라도
외롭지 않겠다 생각하는 것은
가슴으로 전해 오는
숨결을 느끼기 때문입니다

지금 이 순간에도
다정한 목소리
들리는 것 같아 설레입니다
나 홀로 있어도

임자도의 밤

서석문학 기행의
임자도 바닷가에서
어느 시인이 부르던 하모니카 소리는
밤 내내 꿈이었어

시인의 영혼이
천사千四 섬 밤하늘에 메아리 되어
캠프 화이어의 불빛 속에
시혼이 타고 있었지

밤은 깊어가고 바다도 잠이 드는데
나는 어이해
임자도 바닷가를 서성이고 있는가

임자도 : 전남 신안에 있는 섬

마음

지나는 바람
보이지 않고
만질 수 없지만
나뭇가지 흔들림으로
알 수 있듯이

보고 싶단 말은 못해도
가슴에 솟아나는 것이
아릿한 그리움 인 것을
내 마음 내가 압니다

마당 뒤편 향나무
옹이로 남은 흔적도
그리움의 향기가
아픔으로 남은 내 마음입니다
내 마음 그사람에게
전해줄 수 있다면
살풋한 그리움이여

초대장을 받고서

초대장을 받고서

웅비의 독수리처럼
비상하는 꿈 꾸며
두 주먹 불끈 쥐고
힘차게 튀어 오르는
생명의 시작

안에서 밖으로
지하地下에서 지상地上으로
어둠의 갇힘에서 벗어난
아침 햇살이 눈부시다

화려한 외출을 꿈꾼다
모두에게 시선을 받으며
셀레이는 마음으로
사계四季의 첫차를 탄다
초대받은 그곳으로 가기 위해

무대 뒤에선
일제히 깊은 잠에서 일어날
채비를 하고
희망을 노래하는
음악회
대 단원이 열리는 날
오케스트라 연주는, 어김없이
오금을 저리게 하겠지

옥수수

언덕배기 마을
텃밭 울타리 안에 다문화 가정
키다리 새댁 여기저기 아기 업고
초록 포대기 둘렀네

곱슬에 갈색 긴 머리
빨간 머리 앤 처럼 예쁜 아기 업은
입속이 가지런하여 예쁜 여자

고향은 언제쯤이나 갈 수 있을지
밤 낮으로 지나가는 바람에게
와스락와스락 안부 전하는
이파리에 쓴 사연 얼마런가
뽀오얀 속적삼 깊이 숨겨 놓은 속내를

서녘 하늘 노을이 질 땐
목이 더 길어지는 여자
긴 목 더 높이 치켜드는 건
아마도, 아메리카 대륙 고향 그리워
어디선가 하모니카 부는 소리
들리는 것 같아 귀 자우리는게야
바람 소리뿐인데

가을 연서. 2

운무 자욱한 먼 산 돌아
붉게 물 들이는 숲 속으로
헤집고 오는 이
당신인가요?

코스모스 수줍은
한들거림도
당신 때문인가요?

어젯밤
가슴을 설레게 한 이도
당신이었나요?

행여
임인가 했는데
당신이 먼저 오네요

나 어쩌지요?

가을엽서

코발트색종지
펼쳐 놓은 것 같은
하늘에
단풍 한 잎 그려 넣고
밑줄을 그었다

너와 나를 위한
영원히 지워지지 않을
詩를 쓰고 싶다고

이 가을엔 만나고 싶다

송이송이 피어오르는
그리움 하나
허허롭고 텅 빈 것 같이
채울 수 없는 허전함은
가슴 깊은 곳에 자리한
너 때문일 거야

먼 산 붉게 물들어감은
젊은 날의 소리치고 싶었던
단 하나, 사랑을 위해
황톳길 따라 너에게로
달려가던 열정이 아직
불타고 있는 걸 거야

둥근 달이 떠오르면
아려오는 통증
뜻 모를 여운을 남기고
훌쩍 떠나간 너를 그리며
뒤척이며 잠 못 들던 밤의
추억 때문일 거야

우연이라도
이 가을엔 만나고 싶다

가을 연가

사랑하고
아파하고
그리워하자

마음 둘 곳 없다는 건
사무치도록
고독하다는 것이다

못 견디게 외롭다는 건
가슴에 빗장을 열고
들꽃 하나라도
들이고 싶기 때문이다

그리워하고
아파하고
사랑하자
이 가을이 떠나기 전에

가을 산

젊은 날의 정 끊지 못해
타는 가슴인가
만산에 오색의 불꽃이

명산마다 갈바람 타고
허공을 가로질러
번져 가는 데도
속수무책

지난날 애절했던
끊지 못하는 사랑
지천에 묻자고 절규하듯
잎새들의 마지막 춤사위
계곡마다 초개草芥같이
몸을 던지는 모습 초연超然하다

만추

창 밖에서 서성이는 너
나뭇잎 흔들림으로 알았다

옹골차게 가득 찬 알곡
갈증으로 목마르던
허기진 가슴을 채워 주던 너

비워내야 또 다른 생명을
담을 수 있음을 알리는
초대장 접는 소리였음을
후에야 알았다

나뭇잎 떨어지는 그 소리는

낙엽. 2

가을 내내
가슴앓이 모른 체 하더니
깊은 정 단풍잎에 새겨놓고
그리 바삐 서두르는가

젊음도 잠시, 붉게 타는 마음
갈바람에 추수를 길 없어
가지 끝에 매달려 절규하는 저 몸부림
가지 마라 애원해도
손사래 저으며 미련 없다 하네

풍미한 세월 뒤돌아보며
운명인 듯 초연하게 다잡고
채울 수 없는 욕망 더 없다
명상하는 저 고뇌
어디로 가는지 묻지 마라는 듯
툭툭, 지천으로 몸을 던진다

서리꽃

마른 나뭇가지 위에
사뿐 내려앉은
하얀 소복 입은 정갈한 자태
맺지 못할 인연이기에
맑은 영혼으로 왔는가

사위어간
싸리나무 흔들림에도
알알이 맺힌 애수哀愁
치맛자락 같은
운무의 춤사위로 넋을 달래는가

여명이 밝아오면
외롭게 떠 있는
하현달처럼 사라지는 애절함이여!
그리움에 지쳐 스르르 눕는
가여운 넋이여

첫눈 오는 날

하늘에서 안개 꽃
수 없이 쏟아진다

봄 기다리는
매화 가지 마디마디에
꽃이 피었다

내 마음 어느 사이
하얀 눈 덮인 고향으로
한 발 한 발 내딛는다
그리운 이 찾아서

이별

하늘에는 먹장구름

세상은 블랙홀

억장 무너져

이토록 적막강산 일 줄이야

추억

수정처럼 보이는
화려한 기억

숨겨둔 보석 같은
가슴 속에 묻어 둔 영상이다

꺼내볼 때마다
눈가를 적시는
임에게 찾아가는 길은
늘 황홀한 꿈

태국의 산호섬

가슴이 벅차올라 와락 안기고 싶다
푸른 유리 벽 안의 태고를 본다
그 위로 잠자듯 꿈속이듯
쪽빛 세상이
심해 그 밑바닥까지 보이는
이국의 하늘 아래서
일상을 일탈한 내가 나를 본다

낯선 이방인들이
산호의 꿈을 캐고 있는
하얀 모래밭을 지나
나도 그들처럼
어둠이 오면 알알이 보석 같은
별을 주어담을 것이다

그리고, 나는
에메랄드 같은 저 산호의 바다 위로
햇살이 비취면
새로운 여정의 아침을 맞을 것이다

시집 한 권

어느 시인의 시집 한 권
눈 안에 까만 점들로 살아
때로는 체면에 걸린 듯 출렁이며
화살촉으로 꽂히는 시구들
무한의 자유에 든다

페이지마다
맵시. 솜씨. 말씨가
섬섬옥수
하얀 소반에 꽃으로 놓여
가지런히 빚어놓은
송편 같은 정갈함이
강물처럼 흐른다

명주 타래 풀듯
써 내려간 시어 속에
내 삶이 거기
그의 삶이 거기
죽음과 삶, 사랑과 그리움
우리의 생生 또한
거기 있음이 아니던가

사랑의 기도

– 신앙시

사랑의 기도

힘든 일 때문에
내 사랑이
아파하지 않게 하소서

내 사랑 가는 길엔
언제나 그림자 되고
햇볕에는 그늘 되게 하소서

오직 하나뿐인 사랑으로
함께 하다가
인연 다하면 가슴에 담고
나도 잠들게 하소서

그의 손 잡고
행복한 미소 지으며

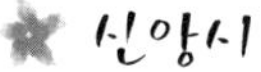

갖고 싶다는 건

생명이 있기에 꿈이 있고
소망과 희망이 있다는 것이다

달콤한 사랑을 갖고 싶다면
타인을 즐겁게 하는 입술을

균형 잡힌 몸을 갖고 싶다면
지, 정, 의를 갖춰
올곧은 처신을 하는 것

섬김을 받고 싶으면
먼저 희생하고 봉사하며
한 손을 내어 주는 것

하여
갖고 싶다는 건
모두 주고 싶다는 것이다

태동하는 봄

여울목 흐르던 급물살
겨우 내내 발목 잡혀
형사 같은 칼바람에
벼랑 끝에 곡예사처럼
매달린 고드름 되어
탈출하려던 몸부림
덕지덕지 생채기

봄 햇살 다가서자
유월절 문지방 뛰어넘듯
동장군 급히 달아나고
겨우내 빗장 걸었든
숲 속 대장간
탁탁 두둑, 쨍그랑
끌과 징으로 다듬는 소리에
잠자던 노루
저벅저벅 걸어 나올 것 같은
음지의 숫눈 위

고운 햇살 눈길 주는 가지마다
꽃망울 터트리며
계곡 폭포수 맑은 영혼으로
다시 태어나는 봄

유월절 : 유대교의 3대 절기 중 하나. 출애굽 전야에 이스라엘의 처음난 것들을 그냥"넘어간 또는 살려둔 것을 기념하는 절기
끌 : 망치로 때리거나 손으로 밀어서 나무에 구멍을 파거나 겉면을 깎고 다듬는 데 쓰는 연장
숫눈 : 쌓인 상태 그대로인 깨끗한 눈

가을의 기도. 1

1
임이여
가을의 쓸쓸함,
찬양으로 채워지게 하소서
임을 향한 사랑
단풍처럼 붉게 타게 하소서
여름 내내 영글은 알곡을 보며
쭉정이 같은 삶이었는가 돌아보며
가을이 가고
시련의 겨울이 온다 해도
지금처럼
감사하게 하소서

2
임이여
가을에는 기도하게 하소서

푸른 잎들이 선홍의 빛깔로
옷을 갈아입듯이
시기하고 질투하는 마음 변하여
배려하는 마음이 되게 하소서

들녘의 영글어가는 알곡처럼
진실을 말하게 하시며
고개 숙인 나락 앞에 겸손하게 하시어
농익은 무화과의 단맛 같은 삶 되게 하소서

툭, 투득. 목숨을 내어 주는 알밤
가을의 교훈이 아니더라도
옹졸한 가슴이었던 것을 고백하게 하소서

임이여
떠오르는 둥근 달을 보거든
가던 발길 잠시 멈추고
모든 것 받아들이는 바다같이
넉넉한 가슴인가 돌아보게 하고
푸른 창공에 날아가는 작은 새의
노래에도 행복하게 하소서

가을의 기도. 2

강렬한 태양 내리쬐는 여름 한낮
비, 바람 거세게 불어 왔지만
그럼에도
농부의 이마에 땀방울 맺힐 때마다
탱글탱글 영글어간 알곡
톡톡 터지는 소리
추수의 기쁨을 주시는
큰 사랑에 눈물 납니다

임이여
이 가을에 어느 것 하나라도
소홀히 여기지 않게 하시며
낱알 하나에도 감사하게 하소서
동 트는 아침 작은 새의 지저귐에
눈을 뜨는 일상이 큰 기적임을 깨달아
미세한 바람과
작은 새의 날갯짓에도
행복이 있음을 알게 하시고
근심 걱정 찌든 때로 오염된
곤고한 영혼 불쌍히 여기소서

가을은
가진 것 다 주고도 모자라
몸까지 내어주는 희생의 삶이 듯이
나 이제 자연에 순응하는 삶으로
살아가길 소망합니다

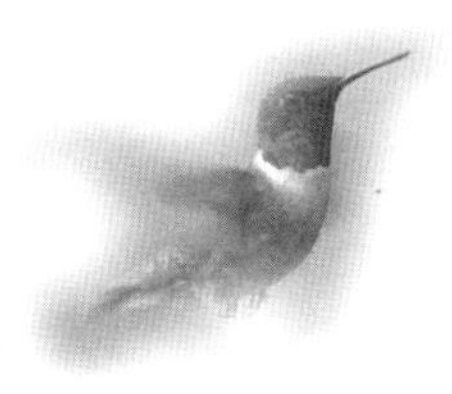

추수 감사절의 감사

결실의 가을을 허락하신 주님
몸과 마음으로 노래합니다
주님의 은혜로 씨 뿌리고
자라게 하시고 가을엔 결실을 보게 하시며
겨울엔 묵상하는 안식을 주시는 주님
풍성한 주님의 사랑입니다

봄. 여름. 가을. 겨울
풍성하게 채워주신 주님의 손길처럼
나의 삶에도 주님 사랑으로 채워지게 하소서
여름날의 뜨거운 태양과 비바람에도
풍성한 열매가 맺혔듯이 나의 신앙도
믿음 위에 견고하게 뿌리내리고
가진 것 다 내어주는 가을처럼
거룩한 주님 앞에 무릎꿇어
겸손하게 하시며
의연함으로 살게 하소서

주님이시여!
내게 주신 모든 것은 주님에게서 왔사오니
감사할 줄 알고 햇빛 같은 존재로 살게 하시되
퍼내어도 마르지 않는 샘물같이
보혈의 피로 채워 마르지 않게 하시어
사랑, 화평. 오래 참음. 자비. 양선. 충성. 온유
절제와 희락의 꽃을 피워
감사의 입술로 열매를 거두고
신, 구약 되시는
주님의 자녀로 살게 하되
새봄을 또 기다리게 하소서

사랑으로 하나 되어

할렐루야
주님을 향한 열정으로 꽃 피우는 잔치 한마당
감리교 강화 동지방청, 장년 찬양 축제에
시詩를 읊으며 비올라 와 아름다운 비파로 아우르고
심벌즈와 코로스로 맞추니 주님의 은총 가득하여라

마음 활짝 열어 아이처럼 뛰놀며
아낌없이 주님께 영광 돌리는 날
천하 만민, 산천 초목 살아 숨 쉬는 생명아
다 함께 일어나 하나님께 큰 북 치고 소고 치며
큰소리 나는 제금과 현악과 퉁소로 찬양할지어다
고요한 숲 속 잠자는 사향노루 산새 들아
뛰어 나와 노래 부르자

비전으로 주님 나라 꿈꾸는 교회들이여!
병들어 외롭고 소외된 가난한 이웃에게
수가 성 여인처럼 천하에 주님사랑 전하자

아바아버지시여!
여기에 펼쳐지는 한마당 잔치는
당신이 몸소 행하신 사랑, 봉사, 베 풂과 희생
나눔의 실천을 닮기 위함입니다
강물이 넘치고 바다를 메운다 하여도
천국 소망 주신 지대한 사랑 헤아릴 수 없어
호흡 있는 자, 다 함께 여호와를 찬양하며
강도 만난 이웃 섬기기 원합니다

마라나 타,
주 예수여 이 자리에 오시옵소서
성령이여 임하소서
사랑으로 하나 되어 축배의 잔을 높이 들고
구원의 반석을 향하여 목청 높여 위대하신
여호와께 찬양과 영광을 돌리나이다. 아멘

마라나타 : 주 예수여 어서 오시옵소서
낭송 : 김선옥 전도사

항상

기쁨의 기도와 감사는
기억해야 할 신앙의 미덕美德
그분의 뜻
슬플 때나 기쁠 때나
기도하라 하신다

기도는 영혼의 호흡
문제의 열쇠 축복의 통로
감사하는 마음엔 행복이 넘치고
그분을 영화롭게 하나니
없는 것 한 가지로 슬퍼하지 말고
가진 여럿 때문에 감사하라

감사하는 마음은
복의 씨앗 발아하고
꽃이 피어 행복의 열매 맺나니
항상, 기뻐하라
쉬지 말고 기도하라
범사에 감사하라
이는, 지켜야 할 덕목
항상, 새겨야 할
신앙의 본질입니다

바람개비의 꿈

초판 1쇄 2013년 08월 20일
초판 발행 2013년 08월 26일

지은이 김선옥
펴낸이 양상구
웹디자인 김태완
펴낸곳 도서출판 **채운재**
주소 100-861 서울시 중구 충무로2가 49-8 (서울빌딩 202호)
전화 02-704-3301
팩스 02-2268-3910
손전화 010-5466-3911
이메일 ysg8527@naver.com
정가 10,000원